W0299599

FRANKREICH

Michael Ruetz

FRANKREICH

Mit einer Einführung von Hubert Comte

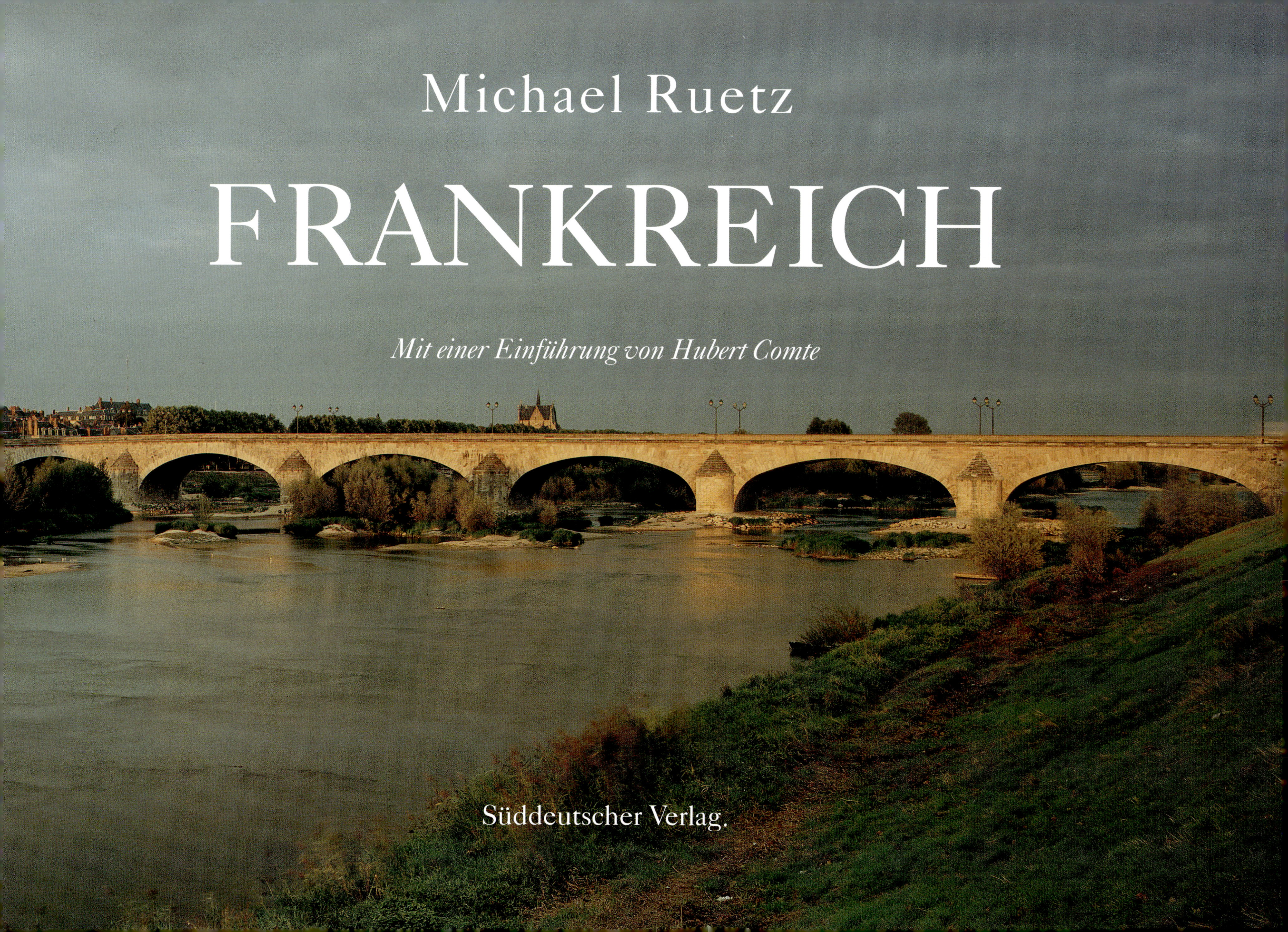

Süddeutscher Verlag.

Schutzumschlag: Schloß Chambord
Seite 5: Die Dächer von Schloß Chambord
Seite 6/7: Die Brücke Georges V über die Loire bei Orléans

Das Buch erscheint 1990 unter dem Titel FRANCE bei Little, Brown and Company, Boston, USA
© 1990 by Michael Ruetz
© der Einführung von Hubert Comte: 1990 by Little, Brown and Company
Design: Carl Zahn

Alle Rechte vorbehalten. Printed in Japan
Druck und Bindung: Dai Nippon Printing Company, Ltd. Japan
© der deutschen Ausgabe: Süddeutscher Verlag
in der Südwest Verlag GmbH & Co. KG, München
ISBN 3-7991-6485-5

Dieses Buch ist gewidmet dem großen Dichter Louis-Ferdinand Céline und seiner *Voyage:*
C'est pas le tout d'être rentré de l'Autre Monde!

Annäherung an ein Land

Von Hubert Comte

Heimatland – ein Wort, das man aussprechen, später dann auch schreiben kann. Eine Landkarte zeigt dieses Heimatland, das Bild erscheint fast zu schön, etwas idealisiert. Andere Länder haben willkürliche Grenzen, Frankreich dagegen nur teilweise. Seine Grenzen sind von der Natur bestimmt: Plötzlich trifft das Land auf Wasser, die Ebene sieht sich dem Berg gegenüber. Unüberwindliche Grenzen und solche, die man befestigen mußte. Das Land hat sich auch ausgedehnt und dann wieder zusammengezogen, ganz wie ein schlagendes Herz, und doch hat es schließlich sein Gleichgewicht gefunden.

Hier und dort wurde das Land auch von außenstehenden Ländern angezogen, aber wie die Natur hat auch die Geschichte so deutlich wie eine Wasserscheide seine Abgrenzung markiert. Es ist ganz einfach: Man fährt auf einer Straße und ganz plötzlich erkennt man – an der Form der Kirchtürme, an der Zeichnung der Felder, an dem Gruß der Menschen, an der Farbe der Fensterläden –, daß man nicht mehr zu Hause ist. Und dann kehrt man wieder zurück.

Wie erfährt man sein Land? Wie gelangt man zu der festen Überzeugung, daß das eine uns verwandt ist, wenn es auch zunächst fremd erscheint, das andere jedoch nicht?

Die Franzosen sind es, die Sie Frankreich kennenlernen lassen, die Vettern, die Hochzeiten, die Studien, die Arbeit. Das kann mit dem ersten Ferienlager beginnen oder einem kleinen Abenteuer mit dem Fahrrad, einem See im Jura, einer befestigten Stadt oder auch mit dem Aufenthalt der Familie irgend wo anders: in der Bretagne, in den Landes, im Midi. Landschaften, die vor dem Zugfenster vorüberziehen. Die Formen der Häuser ändern sich, der Boden, die Felder, die Bäume. Die römischen Dachziegel in manchen Gegenden oder die bretonischen Häuser mit den weißen Dachgiebeln. Der Schiefer aus der Gegend um Anger, die Taubenhäuschen in der Normandie oder die Fachwerkhäuser aus dem Elsaß.

Menschen steigen in den Zug und man hört einen neuen Akzent, entdeckt eine typische Physiognomie, eine bestimmte Kleidung. Die Unterhaltungen verraten viel über die Arbeit oder über das Steckenpferd: Im Périgord hört man Gespräche über Champignons, die mit solcher Inbrunst geführt werden, als handle es sich um eine Prozession der Heiligen Drei Könige. In der Bourgogne erkundigt man sich gespannt nach dem neuen Wein ...

Flüchtige Freunde üben einen sanften Druck aus: »Ich war schon einmal bei Ihnen, aber Sie noch nie bei mir. Ich habe ein großes Zimmer für Sie. Lassen Sie uns doch gleich einen Zeitpunkt ausmachen.« Schließlich fährt man dorthin, und dann ist man so bezaubert von dem Charme des Lot, der Saintonge oder des Elsaß, daß man sich fragt, warum man nicht schon viel früher gekommen ist.

Gleich den Seerosenblättern auf einem Teich erweitert sich der Kreis der bekannten Gebiete. In diesen Reigen mischt sich die Literatur: Daudet läßt Sie die Provence vernehmen; Pagnol inszeniert ein Geschehen in Marseille; Giono erfindet das Land bei Manosque; Mauriac ruft die harzigen Pinienwälder der Landes in unser Gedächtnis; Genevoix fesselt uns mit der Sologne und ihren Wilddieben; Péguy besingt die

Ebene um Chartres; Blondin beschwört seinen Quai Voltaire herauf ... und so tun es viele andere Dichter und Schriftsteller.

Die Liebe zur Heimat trägt man zwar immer mit sich, und doch fühlt man sich von einer anderen Gegend angezogen, die man sich selbst aussucht. Sie entspricht einem – oder sie bildet wohl unseren Gegenpol.

Und noch andere Sichtweisen helfen Ihnen, die verschiedenen Gegenden Frankreichs zu erklären, zu verherrlichen oder auch zu vereinfachen. Courbet steht der Wildheit des Jura eher distanziert gegenüber; Corot sieht die Bäume der Ile de France rauschen; van Gogh streift bei Arles umher, den Malkasten geschultert. Matisse, Bonnard, Renoir machen sich den Midi zu eigen. Monet erzählt von der Sonne auf den Steinen von Rouen, bevor er sich nach Giverny, seinem irdischen Paradies, zurückzieht. Fautrier, der rasende, malt in der Abenddämmerung Berglandschaften, deren Grau schon bald zur Nacht wird. Utrillo lehrt Sie, den Montmartre zu lieben ...

Und eines Tages werden Sie der Gastronomie begegnen, einfach so, ganz zufällig. Und vielleicht wird diese Entdeckung Ihr Leben lang vertieft werden, mit der festen – und immer wieder neu bestätigten – Überzeugung, daß ein gutes, gemeinsames Essen zu dem gehört, was das Leben glücklich macht. Ein Vater sagt seinem Kind, es solle ihn in den Keller begleiten, man wolle dort Flaschen aussuchen. Das ist die Gelegenheit, etwas zu lernen, hier, im Halbdunkel zwischen den Spinnweben und auf einem feuchten Boden, der nach Schimmel riecht – ein Geruch, der ganz unweigerlich an unterirdische Gewölbe und verborgene Schätze denken läßt. Und tatsächlich – hier sind auch die Flaschen mit ihren schönen Etiketten, den hellen oder dunklen ›Kapuzen‹ über den Korken und den so verräterischen Formen. Die dicke Champagnerflasche, die starkem Druck standhalten kann, trägt einen Korken in der Form eines Champignons und eine schöne goldene Halskrause. Ein Kellermeister sagte einmal: »Man kann eigentlich nicht behaupten, daß das ein kostspieliger Wein ist. Immerhin braucht er ja nur etwas Kälte und noch nicht einmal einen Korkenzieher!« Und das stimmt ja schließlich. Auch die Flaschen des elsässischen Weins wird man rasch erkennen: an ihrem wasserhellen Glas und ihrer schlanken, langhalsigen Form, die an die Silhouette eines Reihers erinnert. Der Unterschied zwischen einem Bourgogne und einem Bordeaux wird auf den ersten Blick nicht deutlich, prägt sich bei näherem Betrachten aber dennoch ins Gedächtnis: ersterer hat mehr eine Tropfenform, letzterer dagegen deutlich ausgeprägte ›Schultern‹. Fleisch, Fisch, Wild – welchen Wein trinkt man dazu? Im Vorbeigehen bekommt das Kind vielleicht eine Flasche zu Gesicht, die schützend von einer feinen Staubschicht umhüllt ist. »Die hier habe ich am Tage deiner Geburt gekauft. An deinem zwanzigsten Geburtstag werden wir sie öffnen.« Doch das scheint noch sehr weit weg zu sein. Den Schlüssel in der Hand steigt man die Stufen wieder nach oben und bewundert insgeheim die Geduld der Menschen – und auch die des Weines.

Fern von dem Keller und der Küche, der Familientafel oder der des Restaurants ist die Liebe zum guten Trinken und feinen Essen auch an bestimmte Wortverbindungen geknüpft – an eine Spezialität, an einen Ort. Diese Assoziationen werden in den Gesprächen um sie herum so häufig hervorgerufen, daß die Kinder diese Begriffe schon kennen, noch bevor sie den Geschmack des Gerichtes selbst gekostet haben. Das ist wie bei einer Litanei; das geht ganz automatisch, wie ein Spiel. Ein Ausländer, der sich als Franzose ausgeben möchte, würde ganz sicher demaskiert werden, wenn er bei solchen Assoziationen zögerte: Schimmelkäse aus Bresse, Käse aus Saint-Nectaire, Senf aus Dijon, Sauerkraut aus dem Elsaß, Brie aus Meaux, Eisbein aus Saint Menehould, Cidre aus der Normandie, Callisson aus Aix, Leberpastete aus dem Périgord, Melone aus Cavaillon, Socca aus Nizza, Bouillabaisse aus Marseille, Fischsuppe aus Verdun-sur-le-Doubs, Wurst aus Lyon, Gugelhupf aus dem Elsaß, Würstchen aus Straßburg, Kutteln aus Caen, Nugat aus Montélimar, Tome-Käse aus Savoyen, Champignons aus Paris ...

Wie man sieht, kann ein eifriger Sammler von kulinarischen Erfahrungen in Frankreich ebenso das Land, seine Wege, seine Dörfer und Städte kennenlernen wie ein versierter Geograph.

Dieser Liebhaber, der sich in seine Träume von den Festmahlen eingesponnen hat, wird an einem schönen Sommertag aber wieder mit der Realität konfrontiert: in Form einer dicken roten Barriere, die quer über eine Kreuzung gestellt ist und von zwei Polizisten bewacht wird. Er wird nach dem Grund dieser Absperrung fragen und ob sie lange dauert, denn dann würde er lieber wieder umkehren. Man antwortet ihm, daß »sie« in zwanzig Minuten hier vorbeikäme, und daß »eine halbe Stunde« danach alles vorüber wäre. Wo hatte er nur seinen Kopf? Natürlich, die Tour de France! Sie wird dort drüben an der Hauptstraße, die schon von Mauern von Neugierigen gesäumt ist, vorbeifahren mit ihrem Lärm, ihren Ungewißheiten, ihrem Leiden und ihrem Ruhm. Das Spektakel der Werbekarawane, das rasche Vorübergleiten der schlanken Champions auf ihren schmalen Rädern, die Kommentare der Sportjournalisten geben dieser sommerlichen Leidenschaft der Franzosen Nahrung – seien sie jung oder weniger jung, sportlich oder unsportlich.

Es gibt auch stillere, beschaulichere Wettkämpfe, die aber ebenso eine charakteristische Seite von Frankreich zeigen – die der Boule-Spieler. Mit viel Geschick wetteifern die Mannschaften um die Präzision, mit der so ein niederschmetternder Wurf erfolgt, aber auch um den subtilen Umgang mit den Terrain, das aufs genaueste geobachtet wird. Lauthals wird der gelungene Wurf kommentiert; aber wenn es ums Ganze geht, im entscheidenden Moment, halten Spieler und Zuschauer den Atem an. Manchmal hört man in den kleinen Städten im Midi noch spät in der Nacht ein lautes Singen und das metallene Klacken der Kugeln. Was man dort wohl gewonnen hat? Die Freude am Zusammensein, eine Runde Apéritif und manchmal auch eine annehmbare Lösung für einen dummen alten Streit mit dem Nachbarn.

Ob sie nun in der Familie oder in einer Gruppe verbracht werden – die Schulferien geben den kleineren Kindern immer die begeisternde Entdeckung des blauen Wassers und des weißen Schnees, den etwas älteren die wiedergefundene Freude an der Geschwindigkeit und an der Kraftanstrengung. Der Schüler wird im Gedächtnis behalten, daß sein Land zu jenen gehört, in deren Grenzen sich die größte nur denkbare Mannigfaltigkeit vereint.

Doch auch die wunderbarsten Dinge finden ein Ende: Die Blätter der Kastanie werden gelb und bereiten diskret darauf vor, daß der Schulbeginn wieder bevorsteht. Wie für alle Kinder der Welt ist auch für die Franzosen die Schule der Ort, an dem sie ihr Land kennenlernen. Da ist zuerst der Erdkundeunterricht, der immer mit dieser altbekannten Feststellung der Landesgrenzen beginnt. Danach verfolgt man mit dem Finger auf der Landkarte den Verlauf der wichtigsten Flüsse, lokalisiert die großen Städte, charakterisiert die verschiedenen Landstriche. Man glaubt dem Lehrer und dem Buch aufs Wort: Eines Tages wird man mit seinen eigenen Augen den großen Hafen oder den Weinstock sehen, den man hier beschrieben bekommt. Und manchmal erlebt man auch solche Glücksmomente, in denen man sich plötzlich in einer Gegend befindet, die man schon kennt, so daß das alles gewissermaßen doppelt wahr ist: dieser Hafen in der Bretagne, dieser Gipfel in den Alpen, dieser Vulkan im Massif Central. Das alles ist einem schon vertraut.

Eine solche erlebte Erdkunde ist auch die Erfahrung des Klimas. Der Midi mit seiner Hitze und manchmal seinem starken Wind. Das Elsaß, still unter dem Schnee im Winter, brennend vor Hitze im Sommer. Die Bretagne mit den hartnäckigen Regenschauern und dem hellen Wetterleuchten. In allen vier Himmelsrichtungen Frankreichs haben die Worte Frühling, Sommer, Herbst und Winter eine andere Bedeutung, evozieren nicht die gleichen Vorstellungen. Wie sollte man sich also angesichts dessen über die Unterschiede wundern, die die Bewohner eines solchen Landes in ihren Worten, ihrem Geschmack, ihren Ideen, ihren Leidenschaften, ihrer Lebensart haben?

Die Geschichtsstunde zeugt von den Wirren der Vergangenheit und von den großen Gemeinschaftserlebnissen. Für einen Provinzbewohner ist die Geschichte der Nation zunächst viel weiter entfernt als für einen Pariser. In Paris steht die Geschichte überall auf den Plätzen und Mauern geschrieben. Ein Spaziergang durch die Hauptstadt, und sei er auch noch so kurz, ähnelt einem Film in Zeitraffung. In der Mitte des Boulevard Saint-Michel scheinen die massigen Überreste der alten römischen Bäder, der Thermen, wie eine Festung Wache zu stehen. Etwas weiter ist es die Sainte-Chapelle und die Erinnerung an die schöne Geschichte vom heiligen Ludwig. Notre-Dame, das Meisterwerk des Mittelalters und auch die ›Heldin‹ eines Romans von Victor Hugo, zeugt von der Freude über die Libération. Der Louvre, Wohnort der Könige. Ein Stück Mauer der berühmten Bastille, ein Platz, der ihren Namen trägt. Der Étoile, das Andenken an Napoleon. Die Oper von Napoleon III. am Ende einer seiner breiten Prachtstraßen. Ein aufwühlendes Hinweisschild, das an der Mauer des Labors angebracht wurde, in dem der alte

Pasteur seinen Untersuchungen nachging. Das ganz neue Bauwerk der ›Arche de la Défense‹ ...

In einem Dorf, einer mittleren Kleinstadt und mehr noch in einer Provinzhauptstadt hat die Geschichte ebenfalls ihre Spuren hinterlassen: eine romanische Kirche, ein Kriegerdenkmal, vielleicht ein nahes Schloß, das die prunkliebende und harte Epoche seiner Herren wieder lebendig werden läßt und die Legende seiner unterirdischen Gewölbe. Woanders dann das Palais des Provinz-Parlaments oder ein altes Schlachtfeld, die Statue eines berühmten Mannes oder sein Haus ...

Die häufige Wiederkehr der französischen Sprache enthüllt Spuren und Einflüsse und eine Ausdehnung, die den Franzosen das Reisen erleichtert. In Belgien und der Schweiz, aber auch in Québec spricht man französisch, ebenso aber auch in einigen wichtigen Ländern Afrikas, in Martinique, in Nouméa und vielleicht auch noch in Pondichéry.

Der Franzose, der auf einer Reise im Ausland ist, wird dabei wieder Neues über sein Land erfahren. Er hatte nicht vermutet, daß die Parfums, die Haute-Couture, die Eleganz so eng mit dem Namen und dem Bild seines Landes verbunden sind. Er wird dieses neue, glänzende Frankreich-Bild, das Frankreich der Versuchungen, das er in den bewundernden Augen der anderen gesehen hat, mit sich nehmen.

Und so geben sie alle einem unsichtbaren Weber das Garn und den Stoff für das Gewebe eines Landes: Die Zufälle und die Beliebigkeiten, das, was man gelernt und das, was man erlebt hat, die Träume und die Arbeiten, die Begegnungen und die Schwierigkeiten, die Freuden und die Sorgen, die Bewunderung und den Ärger und noch vieles mehr. Jedes ausgeworfene Netz bringt seine Beute zurück, jeder Scheinwerfer hebt einen neuen Baum aus der Dunkelheit hervor, jeder Ballon übersteigt wieder den nächsten Hügel und jedes Floß nimmt den Verlauf einer neuen Stromschnelle auf. Wenn Sie die Eindrücke, das Wissen, die Untersuchungen, die Fundstücke miteinander verbinden, werden Sie das Bild von einem Land gewinnen und die Erinnerung, die man davon mit sich trägt.

All diese Bruchstücke der Erinnerung, diese einfachen Orte, die Ihnen in der Seele haften, diese Grundstimmung, die Ihnen bereits vertraut ist – eines Tages dann wird ein Buch Ihnen all dies wieder nahebringen ...

Geleitwort des Autors

Italien ist der Ursprung Europas, die Nabelschnur zur Antike, nach Griechenland und Ägypten. Sei Großbritannien das Museum und Amerika die Zukunft Europas: was ist dann Deutschland?

Das Herz? Wohl kaum. Die Lage im Herzen Europas ist geographischer Zufall, und so herzlich sind wir auch nicht. Sind wir das Haupt, oder könnten wir es sein? Ich bin nicht dafür. Ich selbst fühle mich am Rande wohler und finde, daß die Randlage uns gutgetan hat.

Blicken wir lieber in dieses weite Land im Westen . . . Frankreich ist der WESTEN schlechthin, so wie Kalifornien von Boston aus THE WEST ist. Frankreich ist von großzügiger Weite, nicht nur landschaftlich. Es ist voll der Köstlichkeiten, die nur Europa bietet: hinter jedem Hügel ein neuer Mikrokosmos, ein Dorf, eine Kirche: Kultur-Landschaft.

Eben darum nenne ich Frankreich das Herz Europas, egal wo es liegt. Es ist das Herz eines Gebildes, das weit mehr ist als ein nur politisches und wirtschaftliches System. Und diesem Gebilde fühle ich mich mehr zugehörig als einem erstarkenden Deutschland.

Lange bevor Amerika in Mode kam, orientierte sich (warum sagt man nicht »okzidentierte«?) meine, die Nachkriegsgeneration, an Frankreich. Was immer das Leben lebenswert machte – es konnte in Frankreich erlernt oder erfahren werden. Das ist in vieler Hinsicht so geblieben: In Frankreich tut man manches mit präziser Eleganz und Leichtigkeit, was man hier noch immer schwer, ernsthaft und lächerlich, mit staatlichem Nachdruck, zu tun geneigt ist. Wir haben viel gelernt, da wo es zu lernen gab, in unserem Westen.

Histoire d'O ist das Werk einer sehr intelligenten französischen Frau. Unsere Orgien, in denen wir uns auslebten und uns verrieten, die »Histoire d'A« ist von bürokratischen Männern verfaßt-verübt, die sich auf den Staat beriefen. Nicht Stücke verfeinerter Phantasie, sondern bittere Geschichte. Nicht Lust-, sondern Selbstmord. Nicht begangen in Betten, sondern in Lagern. Nicht Vergangenheit, sondern begangen bis in die jüngste Vergangenheit.

Der Leser wird diese Erwägungen in meinem Buch nicht illustriert finden. Die Augen sehen zum Glück nicht, was man im Kopf hat. Was er zu sehen bekommt, ist der große, leere Raum, in dem ich mich so gut orientieren und jenen Gedanken fern sein kann: die Landschaft. Schon Paris ist mir zu eng und zu bedrängend. So zeige ich es von fern und aus der Sicht des Vogels.

Mit eingegangen in diese Arbeit sind die vielen französischen Filme, die so große Wirkung auf mich hatten: *Goupil Mains Rouges*, *Le Jour Se Lève*, *Quai Des Brumes*, *Les Enfants Du Paradis*, *Un Carnet De Bal*, und viele andere. Der Cinéast wird das erste Bild von Chabrols *Le Boucheron* auf einer dieser Seiten entdecken.

Ein Buch ist unsichtbar hier enthalten, das zu einem Teil von mir geworden ist: die *Voyage au bout de la nuit* des großen Louis-Ferdinand Céline. Seit vielen Jahren lese ich es immer wieder, wie kaum ein anderes Buch, außer dem *Zauberberg*.

Céline mit seinen kuriosen deutschen Neigungen . . . Nacht, Dunkel, Mond sind seine Lieblingsworte. Und ich habe dem Mond ein ganzes Buch gewidmet. Célines melancholischer Blick ins Weite . . . er ist auch meiner. Und es gab Momente, wo ich wie Bardamu fühle, Célines alter ego. Meinem Frankreich hat Céline seinen Stempel aufgedrückt. Das ›Nachbild‹ seiner Reise finden Sie auf diesen Seiten.

München, im April 1990 *Michael Ruetz*

Michael Ruetz, Selbstportrait (9. September 1989)

FAMILLE BERTHUEL

BR 638240

53	Die Kathedrale von Chartres bei Sonnenuntergang
54	Paris bei Sonnenuntergang
55	Nacht über einem eleganten Pariser Viertel
56	Die Dächer von Paris
57	Die Dächer von Paris
58–60	Paris bei Sonnenuntergang
62–63	Paris
64	Paris: Die Kirche Saint-Pierre und die Basilika Sacré-Cœur
65	Paris: Im Vordergrund die Tour Montparnasse, dahinter Sacré-Cœur auf dem Montmartre
66	Blick aus der Luft über Lyon, Frankreichs drittgrößter Stadt

69	Die Seine speist den Meer- und Flußhafen von Rouen
70–71	Kanäle in Straßburg
72	Der Papstpalast in Avignon
73	Die Kathedrale Notre-Dame in Rouen
74	Das Dorf Rougon in den Alpen der Haute-Provence
75	Das Dorf Castellane mit seinem Felsen im Hintergrund
76–77	Das Schloß von Castelnaud (Périgord)
78	Das Dorf Turenne bei Brive-la-Gaillarde
79	Das Dorf Turenne
80–81	Das Schloß von Montsoreau beherrscht den Blick an der Loire
82	Die befestigte Altstadt von Carcassonne
83	Blick aus der Luft auf Longwy
84	Die Kathedrale von Laon

RESTAURANT la Vicomté

BAR-TABAC-RESTAURANT
La Vieille Auberge

135 Die Bucht von Fréjus an der Côte d'Azur

136 Antibes mit den Alpen im Hintergrund

137 Die »Baie des Anges«,
deren moderne Gebäude sich deutlich
vor der provençalischen Landschaft abheben

138–139 Über der rauhen Landschaft des Departements
Lot thront die kleine Stadt Gourdon

140 Gourdon, die kleine Stadt im Lot,
ist von Bergen umgeben

141 Das Dorf Villeneuve-Loubet (Alpes Maritimes)

142–143 Das »Vallon des Auffes«, eines der ältesten
und malerischsten Viertel von Marseille

144 Roquebrune-Cap-Martin bei Nizza

145 Das Viertel »La Plagette« in Sète (Hérault)

146 Die »Corniche des Maures« (Provence)

147 Mauvezin (Hautes-Pyrénées)

Chez Fonfon
FONFON

PIZZERIA

Verzeichnis der Abbildungen

130–131	Montrichard am rechten Ufer des Cher mit den Ruinen der alten Festung
132	Das Schloß von Saumur (Maine-et-Loire) aus dem Ende des 14. Jahrhunderts
135	Der Golf von Fréjus im Mittelmeer
136	Antibes mit den Alpen im Hintergrund
137	Die »Baie des Anges«, deren moderne Gebäude sich deutlich vor der provençalischen Landschaft abheben
138–139	Über der rauhen Landschaft des Departements Lot thront die kleine Stadt Gourdon
140	Gourdon, die kleine Stadt im Lot, ist von Bergen umgeben
141	Das Dorf Villeneuve-Loubet (Alpes Maritimes)
142–143	Das »Vallon des Auffes«, eines der ältesten und malerischsten Viertel von Marseille
144	Roquebrune-Cap-Martin bei Nizza
145	Das Viertel »La Plagette« in Sète (Hérault)
146	Die »Corniche des Maures« (Provence)
147	Mauvezin (Hautes-Pyrénées)